Die Geschichte

von

Sanft und Mut

Tom Krikowski

Herstellung und Verlag:
BoD - Books on Demand, Norderstedt
ISBN 978-3-7448-6829-7

2. Auflage 07|2017
www.tomkrikowski.de

Für Sing Sang...

Sanft ging die Sonne unter
und das letzte Sonnenlicht erhellte
noch die Spitzen der Berge.

Der Mut zur Nacht machte
sich breit, zog seine Klamotten aus und
weiche Kleidung an.

Das Nest war frisch gemacht, das
Tagwerk des Buchbindens war
vollbracht, und Sanft rollte der Stift
übers Papier.

* * * * *

Es war die Zeit die Nester
zu verlassen, überall fand man
Federn auf den Straßen
und Wegen, gerade gut um den
Kopfschmuck zu pflegen,
und um sich mit dem Schmuck
der Vögel zu verbinden.

Ja, das Luftelement war
zurück und der Geist, nach
manchem Gewitter, klar.

* * * * *

Nein, die Erde dreht sich
nicht im Kreise, vielmehr spiralt
sie sich, zusammen mit allen
anderen Planeten, um die Sonne, die
kleine wie die große.

Kind der Erde, das
Feuer im Herzen, der Wind der
Gedanken und das Nass der
Gefühle sind Dein.

*****

Es umspült jedes Land ein
Meer, es weht ein Wind, und
die Sonne tanzt über
den Himmel.

Blumen aller Farben, Kleidung
aller Art, Liebe und das wagen
den Regenbogen anzusehen.

Ja, ich liebe die liebevolle
Wolfsfrau, und seh in jedem, egal ob
Pflanze, Tier und Mensch, die goldnen
Fäden, aus dem Licht gewoben, aus
der Erde emporgehoben, belebt durch
den Wind, lebendig durch das Nass
und das Feuer, das ewig brennt.

Die Sterne, sie stehen wie
Feuer gleich, schon hier und da
am Firmament, und ich lieg hier beim
Kunstlichte und schreib
gedichtähnliche Verse.

* * * * *

Genug für heut, wir sehn uns auf den Auen im Land der Pfauen, um liebliche Lieder anzustimmen.

*****

Der Morgen erwacht nicht grau
eher bunt und der braune Sud läuft
hinab den Schlund mit Süße und der
Gabe dem Sohn der Kuh gern
dargebracht. Es riecht nach Tabak
während der Gesang der Vögel
langsam schon erwacht.

Noch dunkelt es, wird langsam hell,
die frische Luft weht angenehm um
meine Nase. Lichterscheinungen aller
Art, verkünden das heran nahen des
Tages, während mein Ohr erste Laute
sanft erspürt.

Das Feuer ist geschürt, es qualmt
und schnell herbei eilen die
Nachtfliegenden, um sich an
dem Lichte zu erfreun.

Leise knackt das ein und andere Gerät,
wie spät? Zeit für eine selbstgedrehte.
Das kleine Licht geht aus, das große
Licht wird stärker.

*****

Allerlei Getier sagt mir es auch
hier mit mir, während in der Ferne das
getose schnellfahrender Menschen zu
vernehmen ist.

Wäre das getose nicht würden die
Vögel sanfter pfeifen? Wer weiß?
Meine Intuition spricht „Ja" und leise
hör ich die Vorfreude auf eine mildere
Zeit in meinem Inneren singen.

Ja, ich träume vom Feuermachen mit abgefallenem Geäst für meinen morgendlichen Tee, von der Stille und dem plätscherndem Bach, während ich die Sonne aufgehn seh; von tiefer Freude bei meinem morgendlichen erwachen, von Sachen selbstgeschnitzt und selbstgestrickt, von Menschen schlank und nicht zu dick, weil glücklich und im Herzen ganz bei sich.

Wer oder was ist „sich"?

Für mich ist es Mutter-Erde, das Leben
hier und jetzt im Paradiese, das Wissen
jede aufkommende Brise bringt
liebevolle Gedanken, Samen gleich,
aus Tagen an denen auch die Sonne
schien.

*****

Die Sonne neigt sich, die Wolken zeigen sich, die Luft ist lau und manch ein Laut dringt leise an mein Ohr.

Das gurren der Tauben, ein leichter Duft von Tabak in der Luft, die Freiheit mit liebe zu schreiben, und zu bleiben wo man ist und zu gehen
wohin man will.

Ich chill im Garten, dem kleinen oder
dem großen, fragst Du? Und ich sage
„was wenn es keine, oder kaum mehr
Grenzen gibt, außer Berge und Flüsse,
außer den Meeren und Wüsten?"

Ich küsse die eigenen Füße, die mich
schon seit Jahren tragen und wage
liebevoll und großartig zu denken,
die Liebe zu fühlen und nach
ihr zu handeln.

*****

Eine Frau erzählt mir Geschichten,
weiß zu berichten und dann sogar zu
dichten von bunten Lichtern die in
einem Kasten Funken schlagen.

Schon ist sie weg und ich sitze draußen
unterm Dach und es wird langsam
wieder still.

Dein Werk des Tages, hör ich fragen?

Ich hab gewagt nach Öl zu fragen,
um meinen Schuhen neuen Farbglanz
zu verleihen, verzierte Bilder von
Blumen mit weißen Buchstaben und
sammelte den Federschmuck für die
nächsten Tage.

Oh Luft die ich atme, oh
Wasser das ich trink, oh Licht das
ich in Form von Brot heut zu mir
nahm, ich danke und
ich danke auch der Erde, dass
ich auf Dir wandeln kann

*****

Ein Gespräch mit der Liebsten über funkelnde Geräte; voll bewusst bin ich mir trotzdem der Kraft der Gedanken und auch der Worte die ich schreib.

Verzeih mir, dass ich auch mit anderen Frauen spreche, ich möchte verbinden und nicht Trennen und weiß, dass ich mich am Abend zu Dir lege.

*****

Jetzt ist es ruhiger, die Dunkelheit greift um sich und doch hört man Metallpferde rauschen und Donnervögel fliegen. Ich lieg schon und schreib beim Lichte meiner Sammlung seltener Erden.

Ach welch ein Tag, ich atme und ich bin, still in mir selbst ruh ich und trotzdem fließt noch immer das Blau aus meiner Feder.

Soll, besser mag ich noch einmal heut das Tabakblatt entzünden?

*****

Stille finden durch das Schreiben, nicht übertreiben, dem Flügelschlag der Vögel lauschen.

Was wir wirklich brauchen? Nicht viel und doch alles, es ändert sich und bleibt doch unveränderlich.

*****

Ich freue mich wie jeden Tag über alle Pflanzen, Tiere, Menschen, Mutter-Erde und den Tanz der Sonne. Die sogenannten Fremden gibt es nicht und wenn, dann nur in deinem Geiste.

*****

Ich sitze hier, Poesie fließt aufs Papier
und die Sonne
blinzelt durchs Gebüsch.

Ein Schluck Wasser, vielleicht Kaffee,
ich seh all das Grün und Träume meine
Träume in die Wirklichkeit hinein.

„Andere" brausen auf, wie die Gischt
der Brandung. Ich bete um eine sanfte
Landung, ein liebevolles Stranden um
wieder Luft zu holen und von der
Benommenheit loslassend Ruhe zu
kultivieren.

Ich wünsche Selbsterkenntnis,
das Verständnis und die Kunst vom
Herzen her zu leben.

Eben, bewusstes Atmen
und Fühlen ohne etwas hinweg zu
wünschen, sondern es vielmehr
anzunehmen und dabei sich selbst zu
lieben.

Friedlich weht der leichte Wind,
noch immer singt das Vogelkind und
die Sonne spendet Liebe und
Erkenntnis.

Wir sind hier. Wir sind die Liebe. Wir
sind sanft und mutig zur gleichen Zeit.

*****

Die Raupe wird zum Schmetterling,
die Tristess weicht den Farben, gesund
sind Äpfel, Früchte aller Art, Nüsse,
frisches Gemüse und eine liebevolle
Zirbeldrüse.

Wo ist die Freiheit?

Nur da wo auch die Liebe wohnt, sie
wohnt immer nur da wo sie eingeladen
wird, nicht weit weg, sondern immer
nur hier im jetzt, hier sonst nirgends.

*****

Klar kann man
Sandelholz schmirgeln,
eine Form geben, beleben durch
gelebte Manifestation.

Schmuck ziert meinen Körper, als
Ausdruck meiner Seele, ich warte nicht
ich bin schon, nicht wer, nicht was,
ich bin schon einfach da.

*****

Zeitenwende :)
Ein neuer Tag bei dem keiner mehr zu sagen mag wann er begann und ob er jemals endet.

Der Wind streicht durch die Büsche, die Blätter rauschen leise, Kinder rufen, Motoren brummen und Schmuck erklingt beim pflegen des Gesichts.

Leise und laut erklingt der Gesang der Vögel, Menschen schnattern wie manche Enten am nahen See, ich sitze, lausche und der Stift dreht extra Runden übers Papier.

* * * * *

Meine Visionen sind wunderbar und wahr, keine Illusionen, warum sollte ich die „anderen" schonen? Wahrheit tut nur weh, wenn man an Illusionen glaubte.

Sie wollen mich verstehen, mit ihren Herzen lauschen, wollen mir lieber guten Tee anstatt starke Drogen geben.

Sie möchten sich erinnern an ihr Leben hier als Kinder von unserer Mutter-Erde.

*****

Sanfte Träume neigen sich herab und
schon am nächsten Tag nimmt
der Mut zu und sie sagen
„wir wollen es wagen."

Ja, vielleicht bin ich schon mal
einer Illusion erlegen, doch jetzt
vergeb ich mir und beginne meine
liebevollsten Träume stets zu pflegen.

Das Raubtier ist nicht da um es
zu töten, es ist vielmehr von Nöten
ihm wie mir die Sanftmut vor zu leben.

Ich bin weil Du bist,
Du bist weil ich bin.

* * * * *

Viel ist passiert, nun sitz ich wieder
hier, im Garten, die Sonne lacht und
doch genieß ich auch den Schatten.

Der Bach spricht und die
Blüten reflektieren das Sonnenlicht,
während Insekten liebevoll ihre
kleinen Augen reiben.

Die Steinen liegen scheinbar still
nur, um Ruhe auszustrahlen, Blättern
sprießen, der Bambus biegt sich im
kaum vorhandnen Wind.

Das Blau des Himmels und das Weiß
der Wolken schenkt sich meinen
Augen und die Bank auf der ich sitz
hält mein Gewicht.

*****

Ich bleib in meinem Frieden,
was wenn nicht lieben?

Oh, Wesen der Freunde erinnert euch
und schenkt euch selbst die Liebe
wieder, die noch immer in euch
wohnt. Liebe kennt keine Grenzen,
Liebe ist einfach, sie dehnt sich sogar
aus, wenn Du sie stetig nährst.

*****

Die Melodie des Universums kitzelt
meine Finger und galant greift meine
Hand den Hals des Instruments.

Töne erklingen und meine Stimme
stimmt mit ein, ein Wort, ein Reim,
eine Strophe, ein Vers zu ehren der
Erde, des Universums und aller Wesen.

*****

Zerbrechlichkeit, Ohnmacht und Sehnsucht nach Stille, die rosarote Brille ist matt von der Nacht, ich lag nicht wach, sondern schlief tief und jetzt hängen meine Gefühle schief.

Die Frage nach Penn Unzen für die Fahrt nach Hause lies mich freundlich schmunzeln und sogleich hatte mein Leben wieder Sinn ☺

Der Rabe singt seine Melodie
und irgendwie spür ich es wieder,
das aufkommende Gefühl, ein Art
Fieber im lieben Sinn, ich bin weil Du
bist, Frist gibt es keine, das
Leben ist jetzt.

***

Weitere Bücher des Autors:

„Die Prinzessin des Herzens“
Eine kleine Geschichte vom Weg zurück zur Selbstliebe.

„Die Königin des Herzens“
Der zweite Teil. Das Erwachen des Bewusstseins.

„Sein&Tun“ Kartenset
Orakel-Kartenset 68+2 Karten

„Dein natürliches Erbe“
Wundersames über Dich selbst.

*Bilder by Tom Krikowki